19 Mai 1884.

COLLECTION ETIENNE

SCULPTURES DE LA RENAISSANCE

Tapisseries --- Tableaux

IMPRIMÉ PAR PILLET ET DUMOULIN
RUE DES GRANDS-AUGUSTINS, 5, A PARIS.

CATALOGUE
DES
SCULPTURES
DE LA RENAISSANCE

En bois, en pierre et en marbre.

Meubles, Panneaux, Groupes, Statuettes;
Belles Cheminées en pierre;
Bronzes et Cuivres des XVIe et XVIIe siècles;
BELLES TAPISSERIES;
Etoffes.

TABLEAUX ANCIENS

Des diverses écoles.

LE TOUT APPARTENANT A M. ÉTIENNE

ET DONT LA VENTE AURA LIEU

HOTEL DROUOT, SALLE N° 1

Les Lundi 19 et Mardi 20 Mai 1884,

A deux heures.

COMMISSAIRE-PRISEUR

Me PAUL CHEVALLIER, 10, rue de la Grange-Batelière.

EXPERT

M. CH. MANNHEIM, 7, rue Saint-Georges.

Chez lesquels se trouve le présent Catalogue.

EXPOSITIONS

PARTICULIÈRE	PUBLIQUE
Le Samedi 17 Mai 1884	*Le Dimanche 18 Mai 1884*

De une heure à cinq heures

CONDITIONS DE LA VENTE

La vente sera faite au comptant.

Les acquéreurs payeront *cinq pour cent* en sus des enchères applicables aux frais.

L'exposition mettant le public à même de se rendre compte de l'état des objets, il ne sera admis aucune réclamation une fois l'adjudication prononcée.

Paris. — Typ. Pillet et Dumoulin, 5, rue des Grands-Augustins.

DÉSIGNATION DES OBJETS

MEUBLES EN BOIS SCULPTÉ

1 — Très beau meuble en bois de chêne sculpté, fermant à deux portes et reposant sur des lions couchés. Les portes, séparées par des pilastres, sont décorées de trophées d'armes et de motifs élégants d'ornementation et portent les armoiries de l'abbaye de la Chaise-Dieu soutenues par deux figurines debout.

Il est surmonté d'un dossier flanqué de rinceaux découpés et représentant un saint personnage en adoration devant la Vierge et l'enfant Jésus. Ce sujet est surmonté d'un arceau à coquille dont la base porte le nom de : *Jacobus de Sto Necterio.*

Beau travail des premières années du XVIe siècle.

Haut. totale 2 m. 60. Larg. 1 m. 40.

2 — Meuble Henri II à deux corps enrichi d'incrustations de marbre et décoré de figures et d'ornements en relief.

Haut. 2 m. 20. Larg. 1 m. 05.

3 — Crédence en bois sculpté à entrelacs et ornements, avec portes décorées de figures et colonnettes aux angles. XVIe siècle.

Haut. 1 m. 60. Larg. 1 m. 25.

4 — Petite crédence renaissance avec portes à cartouche et pieds à balustres unis.

Haut. 1 m. 40. Larg. 1 m. 04.

5 — Table à colonnes, à ressauts aux extrémités, ornée de sculptures. XVIe siècle.

Long. 1 m. 40. Larg. 0 m. 82.

6 — Très beau lit à colonnes en bois sculpté, dont le dossier, les traverses et la partie inférieure des colonnes sont entièrement couverts de sculptures en relief représentant des sujets militaires, ainsi que des scènes de la vie privée ayant trait à l'histoire de San Pietro di Bastelica, célèbre général italien au XVIe siècle.

Il est garni de ses tentures en guipure et point de Hongrie. Beau travail du temps.

Long. 2 m. 05. Larg. 1 m. 60.

7 — Belle table supportée par deux piliers formés chacun par deux satyres debout se donnant les mains, et par un écusson armorié surmonté d'un chapeau de cardinal. La traverse d'entre-deux est

formée d'arcatures reposant sur des groupes de rinceaux à têtes de béliers et par des lions couchés.

Long. 1 m. 60. Larg. 0 m. 85.

8 — Jolie crédence en bois de chêne à deux portes décorées de cartouches dans lesquels se jouent de petits génies, et avec montants et angles ornés de cariatides.

Elle est enrichie d'incrustations de bois et de marbre.

Haut. 1 m. 55. Larg. 1 m. 08.

9 — Grand meuble à deux corps en bois de noyer sculpté. Le bas ferme à deux portes décorées d'ornements et de mascarons avec tiroirs au-dessus ornés de festons de fruits et de têtes de béliers. Les angles sont formés de cariatides ailées et les portes sont séparées par une autre cariatide se terminant en gaine.

Le corps supérieur a ses deux portes décorées de motifs d'architecture à colonnettes et statuettes en ronde bosse. Les montants d'angles et celui du milieu sont décorés de cariatides d'hommes et de femmes.

Travail lyonnais du XVIe siècle.

Haut. 1 m. 90. Larg. 1 m. 45.

10 — Meuble à deux corps en bois de noyer, enrichi d'incrustations de bois et de marbre et de mascarons sculptés. XVIe siècle.

Haut. 1 m. 70. Larg. 1 m. 05.

11 — Très grande table en bois de noyer reposant sur deux piliers sculptés à pieds de lion et larges feuilles. Travail italien du XVIe siècle.

Long. 3 m. 10. Larg. 1 m. 10.

12 — Coffre oblong décoré d'ornements sculptés en bas-relief et offrant des balustres aux angles. XVIe siècle.

Haut. 0 m. 46. Larg. 0 m. 82.

13 — Autre coffre en bois sculpté. Le panneau de la face principale représente le sujet du Martyre de saint Étienne.

Haut. 0 m. 30. Larg. 0 m. 53.

14 — Façade d'armoire à quatre portes en bois sculpté à ornements, godrons et pilastres. XVIe siècle. Collection Mordret.

Haut. 2 m. 50. Larg. 1 m. 25.

15 — Lit François Ier décoré au pourtour de médaillons renfermant des bustes d'hommes et de femmes sculptés en bas-relief, et le dossier surmonté de deux dauphins.

Larg. 1 m. 45.

16 — Meuble à deux corps et à quatre portes en bois de noyer sculpté à godrons et ornements et enrichi d'un décor gravé. Les montants sont formés de deux candélabres tournés. XVIIe siècle.

Haut. 1 m. 80. Larg. 1 m. 15.

17 — Grand meuble en bois de noyer sculpté à ornements, trophées d'armes et mascarons. Il ferme à quatre portes séparées par un rang de tiroirs. Travail du temps de Henri IV.

Haut. 1 m. 90. Larg. 1 m. 37.

18 — Grand bahut Louis XIII fermant à deux portes avec tiroirs au dessus en bois sculpté à cariatides, mascarons et ornements.

Haut. 1 m. 18. Larg. 1 m. 77.

19 — Devant de bahut en bois de noyer sculpté, décoré au centre d'une figure ailée et aux extrémités de deux cariatides. XVIe siècle.

Haut. 0 m. 50. Larg. 1 m. 60.

20 — Table rectangulaire en bois de noyer supportée par sept colonnes tournées.

Long. 1 m. 30. Larg. 0 m. 80.

21 — Petit cadre Renaissance en bois sculpté à ornements et découpé à jour.

Haut. 0 m. 60. Larg. 0 m. 56.

22 — Petit coffre en bois sculpté dont la face représente le sujet de l'Annonciation. XVIe siècle.

Haut. 0 m. 23. Larg. 0 m. 63.

23 — Pied de lutrin de forme hexagone en bois sculpté à ornements et portant la devise : *La fin faict tout par moyen.* Travail du temps de Louis XII.

Haut. 0 m. 83. Diam. 0 m. 80.

24 — Table à rallonges du temps de Henri II, reposant sur neuf colonnes, modèle dit jeu de quilles. Les pieds des extrémités sont reliés par des arceaux sculptés.

Long. 1 m. 43. Larg. 0 m. 77.

25 — Petit meuble fermant à deux portes en bois sculpté. Les montants sont formés de cariatides de femmes et d'hommes.

Haut. 1 m. 25. Larg. 1 m. 27.

26 — Crédence gothique fermant à deux portes séparées par un panneau portant des armoiries. Les tiroirs ont été refaits.

Haut. 1 m. 53. Larg. 1 m. 60.

27 — Crédence normande du XVIe siècle, en bois de noyer sculpté, avec portes ornées de mufles de lion et montants formés de figures de guerriers debout.

Haut. 1 m. 50. Larg. 1 m. 15.

28 — Deux petits cadres de bois d'ébène garnis d'ornements en argent ciselé rapportés et enrichis de colonnettes de marbre avec embases et chapiteaux en argent. Epoque Louis XIII.

Haut. 0 m. 34. Larg. 0 m. 21.

29 — Meuble en bois de noyer à deux corps et à quatre portes, décoré de demi-colonnes et d'ornements sculptés. XVIe siècle.

Haut. 1 m. 60. Larg. 1 m. 13.

30 — Partie inférieure d'un meuble fermant à deux portes, enrichi d'incrustations de bois de couleur et à colonnettes sculptées.

Haut. 0 m. 98. Larg. 1 m. 15.

31 — Grand cadre Renaissance en bois sculpté à candélabres et ornements. L'ouverture est cintrée à sa partie supérieure.

Haut. 1 m. 48. Larg. 1 m. 08.

32 — Petit retable en bois sculpté enrichi de colonnettes détachées et d'ornements dorés. Il est disposé pour recevoir des plaques d'émail. XVIe siècle.

Haut. 1 m. 15. Larg. 0 m. 86.

33 — Partie supérieure d'un meuble à deux corps, en bois de noyer, dont les deux portes sculptées en

bas-relief sont décorées de figures allégoriques et de têtes de chérubins. XVIe siècle.

Haut. o m. 80. Larg. o m. 70.

34 — Table ovale sur pied à quatre cariatides d'animaux fantastiques. Modèle dit de Du Cerceau.

Larg. 1 m. 15.

35 — Crédence du XVIe siècle en chêne, avec tiroirs ornés de godrons et balustres haut et bas.

Haut. 1 m. 53. Larg. 1 m. 27.

36 — Bahut en bois sculpté décoré d'une figure d'Apollon couché et d'ornements. Les angles sont formés de cariatides. Le meuble a été transformé en bureau.

Larg. 1 m. 28.

37 — Crédence Renaissance avec portes ornées de bustes encadrés d'ornements.

Haut. 1 m. 55. Larg. 1 m. 08.

38-39 — Deux bahuts italiens de la Renaissance, décorés de cartouches, de rinceaux et d'oiseaux.

Haut. o m. 70 et o m. 53. Larg. 1 m. 80 et 1 m. 85.

PANNEAUX, COLONNES

ET MONTANTS EN BOIS SCULPTÉ

40 — Deux grands pilastres entièrement couverts de beaux motifs Renaissance et de figures de génies d'une très belle exécution. Ils sont surmontés de chapiteaux présentant des décors analogues. Travail d'Alonzo Berruguete. xvie siècle.

Haut. 5 m. 45. Larg. o m. 30.

41 — Quatre pilastres de même travail, mais moins grands.

Haut. 1 m. 30. Larg. o m. 20.

42 — Sept colonnes et deux demi-colonnes à balustres et chapiteaux, ornés de têtes d'animaux.

Haut. 1 m. 30.

43 — Sept traverses en bois sculpté et découpé, composées d'ornements et de mascarons du plus beau style.

Larg. o m. 85 et o m. 77.

44 — Cinq panneaux en hauteur, sculptés en bas-relief et décorés de trophées d'armes, d'ornements et d'attributs divers. Mêmes travail et époque.

Haut. o m. 95. Larg. o m. 20.

45 — Six morceaux provenant d'une ou plusieurs frises décorées de médaillons, bustes de femmes et d'emblèmes divers, parmi lesquels l'aigle de Charles-Quint. Mêmes travail et époque.

Long. environ 3 m. Haut. o m. 35.

46 — Panneau en largeur décoré d'un médaillon rond renfermant un buste de femme, soutenu par deux génies enlacés d'ornements. Mêmes travail et époque.

Haut. o m. 29. Larg. o m. 75.

47 — Autre panneau en largeur, décoré de cariatides et de figures grotesques.

Haut. o m. 20. Larg. o m. 85.

48 — Huit petits panneaux décorés chacun d'une figure de génie, d'une figure grotesque ou d'un animal fantastique.

Haut. o m. 29. Larg. o m. 21.

49-50 — Vingt-trois panneaux ou montants décorés de bustes et d'ornements, et provenant de la même suite que les numéros qui précèdent. Ce lot sera divisé.

51 — Quatre panneaux en largeur, sculptés en bas relief dont trois offrent à leur centre un écusson

armorié, soutenu par deux animaux. Le troisième est décoré d'un buste et de rinceaux. xvie siècle.

Haut. o m. 2 . Larg. o m. 70.

52 — Deux jolies portes de meuble en bois de noyer, sculpté en bas-relief, représentant l'une Vénus et l'amour, l'autre Junon. xvie siècle.

Haut. o m. 56. Larg. o m. 18.

53 — Deux autres panneaux en noyer, sculpté à figures debout, encadrées de figures fantastiques à têtes humaines, d'ornements et de feuillages. xvie siècle.

Haut. o m. 55. Larg o m. 19.

54 — Deux panneaux en bois de noyer, sculpté en bas-relief et représentant l'un Jupiter et Junon, l'autre Neptune et Amphitrite. xvie siècle.

Haut. o m. 40. Larg. o m. 29.

55 — Deux jolies frises pour tiroirs de meubles en bois de noyer, l'une d'elles représente un vase de fruits flanqué de deux lions, l'autre trois enfants dansant, séparés par des vases. xvie siècle.

Haut. o m. 13. Larg. o m. 40.

56 — Frise sculptée en bas-relief et représentant une marche de personnages en costumes du xvie siècle,

précédés par Charlemagne. Un enfant tient une flûte et un écusson armorié. xvie siècle.

Haut. o m. 26. Larg. 1 m. 58.

57 — Devant de bahut du xvie siècle, représentant diverses scènes tirées de la vie du Christ, séparées par des pilastres ornés, surmontés de statuettes, séparées par des médaillons renfermant des bustes d'anges.

Haut. o m. 67. Larg. o m. 78.

58 — Très belle sculpture en bas-relief, représentant la Vision des bergers. Travail remarquable des premières années du xvie siècle.

Haut. o m. 71. Larg. o m. 64.

59 — Frise intéressante, sculptée en bas-relief et représentant six saintes femmes debout, séparées par des colonnettes à balustres. xvie siècle.

Haut. o m. 34. Larg. 1 m. 40.

60 — Belle frise en noyer sculpté, de l'époque de la Renaissance, décorée de rinceaux élégants. Travail italien.

Haut. o m. 19. Long. 2 m. 57.

61 — Deux panneaux Louis XII décorés de têtes saillantes dans un médaillon, bustes de femme et de guerrier, encadrés d'ornements.

Haut. o m. 55. Larg. o m, 23.

62 — Deux jolies portes de meuble du temps de Henri II, sculptées à médaillons, groupes de personnages et ornements.

Haut. o m. 75. Larg. o m. 24.

63 — Belle frise, représentant un triomphe romain. d'après Mantégna. xvie siècle.

Haut. o m. 32. Larg. 1 m. 75.

64 — Deux panneaux de porte et une traverse sculptée en bas-relief et représentant des trophées d'armes. xvie siècle.

Haut. o m. 80. Larg. o m. 58.

65 — Quatre panneaux sculptés en bas-relief et décorés de rinceaux, de figures d'enfants et d'animaux. xvie siècle.

66 — Devant de bahut décoré d'arceaux en ogive et de figures de guerriers debout. xive siècle.

Haut. 1 m. 15. Larg. o m. 43.

67 — Trois panneaux gothiques et en hauteur décorés chacun d'une figure de page, debout sous un arceau gothique. xvie siècle.

Haut. o m. 79. Larg. o m. 21.

68 — Panneau en hauteur offrant en bas-relief un buste de guerrier circonscrit dans un cercle. XVIe siècle.

Haut. 0 m. 78. Larg. 0 m. 53.

69 — Panneau de plafond en bois sculpté à rinceaux et ornements variés. Il porte à son centre un lion héraldique rampant. Ce panneau est rehaussé de dorures. XVIe siècle.

Long. 1 m. 52. Larg. 0 m. 81.

70 — Panneau sculpté en bas-relief et représentant saint Etienne debout. XVIe siècle.

Haut. 1 m. Larg. 0 m. 62.

71 — Deux panneaux sculptés en bas-relief et représentant l'un un buste d'homme, l'autre un buste de femme, circonscrits dans un cercle, entouré d'ornements feuillagés. XVIe siècle.

Haut. 0 m. 70. Larg. 0 m. 45.

72 — Panneau rectangulaire, sculpté en bas-relief et représentant une scène tirée de la vie de saint Hubert. XVIe siècle.

Haut. 0 m. 36. Larg. 0 m. 59.

73 — Devant de bahut gothique portant les armes de France.

Haut. 0 m. 69. Larg. 1 m. 10.

74 — Panneau en noyer sculpté en bas-relief et représentant le sujet de l'Annonciation. XVIe siècle.

Haut. o m. 62. Larg. 1 m.

75 — Deux panneaux Louis XIII en bois de noyer sculpté à figures de cavaliers.

Haut. o m. 64. Larg. o m. 54.

76 — Panneau sculpté en bas-relief, représentant une figure allégorique de l'Astronomie. XVIe siècle.

Haut. o m. 60. Larg. o m. 42.

77 — Deux panneaux sculptés en bas-relief et provenant de portes de crédence. Ils sont décorés de cariatides, d'animaux et de mascarons. XVIe siècle.

Haut. et larg. o m 23.

78 — Deux autres panneaux provenant de portes de crédence. Ils sont décorés de grandes fleurs de lis gothiques. — Travail du temps de Louis XII.

Haut. o m. 36. Larg. o m. 35.

79 — Deux portes de meubles sculptées en bas-relief, et représentant les figures allégoriques du Printemps et de l'Eté. XVIe siècle.

Haut. o m. 51. Larg. totale o m. 51.

80 — Deux panneaux de meuble en bois sculpté à figures allégoriques dans des médaillons ovales et à ornements, guirlandes et mascarons haut et bas. XVIe siècle.

Haut. 0 m. 55. Larg. 0 m. 21.

81 — Joli panneau provenant d'une porte de meuble Du Cerceau en bois de noyer, sculpté en bas-relief et représentant le Triomphe de Mars, dans un médaillon ovale avec Renommées au-dessus et Sphynx couchés dans le bas.

Haut. 0 m. 35. Larg. 0 m. 27.

82 — Petit panneau ovale en hauteur, représentant Jupiter debout. XVIe siècle.

Haut. 0 m. 30. Larg. 0 m. 19.

83 — Deux panneaux du temps de Louis XIII, de forme octogone en bois d'ébène sculpté en bas-relief et représentant des sujets mythologiques.

Diam. 0 m. 40.

84 — Deux panneaux en bois de chêne décorés des figures de sainte Cécile et du roi David, debout sous des arceaux à plein cintre ornés. XVIe siècle.

Haut. 1 m. 60. Larg. 0 m. 70.

85 — Devant de bahut composé de cinq panneaux gothiques, dont l'un porte les armes de France et l'autre les armes de la ville de Rouen.

Haut. o m. 70. Larg. 1 m. 10.

86 — Autre devant de bahut gothique composé de sept panneaux séparés par des pilastres.

Haut. o m. 55. Larg. 2 m.

87 — Devant de bahut Renaissance décoré de trois panneaux et d'une frise sculptée en bas-relief et portant la date de 1574.

Haut. o m. 50. Larg. 1 m. 33.

88 — Frise italienne composée d'un écusson soutenu par deux génies ailés se terminant en rinceaux. XVIe siècle.

Haut. o m. 46. Larg. 1 m. 70.

89 — Trois jolis panneaux en hauteur du temps de Louis XIV, de la plus grande finesse d'exécution. Ils sont décorés à leur centre d'un buste de femme dans un médaillon ovale, et haut et bas de trophées d'instruments de musique et d'ornements. Ils sont rehaussés de peinture et de dorure.

Haut. de chaque panneau, 2 m. Larg. o m. 33 et o m. 25.

MEUBLES DIVERS

90 — Plafond à moulures rehaussées de décors d'or et enrichi de figures peintes en grisaille et d'ornements en couleurs.

Long. 2 m. 50. Larg. 2 m. 30.

91 — Cheminée Louis XVI en marbre vert de mer, garnie de chutes, encadrements et médaillons en bronze ciselé et doré.

Haut. 1 m. 15. Larg. 1 m. 78.

92 — Beau lit Louis XV en bois de noyer sculpté à ornements et fleurs.

Larg. 1 m. 07.

93 — Pendule Louis XIV en marqueterie de cuivre et écaille, première partie, garnie de bronzes et surmontée d'une figure de Renommée.

Haut. 0 m. 92.

94 — Coffre-fort du temps de Louis XIV plaqué en bois de violette et garni d'ornements de cuivre.

Haut. 0 m. 29. Larg. 0 m. 45.

95 — Table-console du temps de Louis XV en bois sculpté à ornements.

Larg. 0 m. 80.

96 — Cadre Louis XIII en bois noir avec appliques en cuivre estampé et découpé à jour.

Haut. 1 m. 04. Larg. 0 m. 85.

97 — Jeu de jacquet en marqueterie de bois avec jetons en bois frappé. XVIe siècle.

Diam. 0 m. 45.

98 — Coffret espagnol, du XVIe siècle, couvert d'entrelacs incrustés en bois de couleur.

Haut. 0 m. 19. Larg. 0 m. 42.

99 — Table-toilette formant bureau, en bois d'acajou, garnie de poignées en forme de draperies en bronze doré.

Long. 0 m. 90. Larg 0 m. 62.

100 — Caisse d'horloge en bois noir garnie de quelques ornements de bronze et surmontée de la figure du Temps.

Haut. 2 m.

MEUBLES MODERNES

101-102 — Deux petits meubles Du Cerceau, avec panneau représentant le Triomphe d'Amphitrite.

Haut. 1 m. 60. Larg. 1 m. 25.

103-104 — Deux autres petits meubles de style renaissance en bois de noyer, sculptés à figures et ornements rehaussés d'or et enrichis d'incrustations de marbre.

Haut. 1 m. 73. Larg. 0 m. 91.

105 — Grande table oblongue à pans, en bois de noyer sculpté, reposant sur six pieds formés de colonnes ioniques. Style renaissance.

Long. 1 m. 45.

106 — Meuble en bois sculpté de style renaissance, fermant à deux portes et sur table basse à pieds à balustres. Les montants sont formés de cariatides et la frise est ornée de guirlandes soutenues par un mascaron et des mufles de lion.

Haut. 1 m. 83. Larg. 1 m. 07.

107 — Petite table de style renaissance avec piliers formés de cariatides d'hommes et de rinceaux.

Larg. 0 m. 85.

108 — Petite table style renaissance en bois de noyer sculpté, sur pieds à colonnes supportées par des lions couchés.

Larg. 0 m. 85.

109 — Petite table pliante en bois de noyer.

Diam. 0 m. 64.

110 — Deux chaises de style Henri II, couvertes en velours grenat.

111 — Grand escabeau en bois scuplté à cariatides d'animaux et ornements. Travail italien.

Haut. 1 m. 35.

112 — Deux grands fauteuils en bois sculpté. Les appuie-bras se terminent par des têtes de lion.

113 — Deux caqueteuses en bois sculpté de style renaissance.

Haut. 1 m. 30.

SIÈGES EN BOIS SCULPTÉ

114 — Belle stalle en bois de noyer sculpté. Le panneau représente une femme portant une corbeille de fruits sur sa tête et accompagnée d'un enfant tenant du gibier au bout d'un bâton, sur un fond d'entre-lacs. Les montants sont ornés de cariatides de femmes. XVIe siècle.

Haut. 1 m. 80. Larg. 0 m. 65.

115 — Caqueteuse en bois sculpté à pilastres et ornements portant la date de 1613.

116 — Caqueteuse tournante en bois de noyer. XVIe siècle.

117 — Banc double à dossier mobile en bois de chêne. Les extrémités sont sculptées à mascarons et ornements. XVIe siècle.

Larg. 2 m. 20.

118 — Quatre chaises à dossiers élevés en bois sculpté à ornements. XVIIe siècle.

119 — Deux chaises à dossiers élevés en bois sculpté à têtes de femmes et panneaux incrustés.

120 — Deux fauteuils en bois tourné et à motifs feuillagés dorés, couverts en cuir doré au fer. Époque Louis XIII.

SCULPTURES EN BOIS

121 — Groupe en bois sculpté. Saint Martin partageant son manteau. XVIe siècle.

Haut. 0 m. 62. Larg. 0 m. 48.

122 — Groupe en bois de noyer sculpté, représentant Vulcain forgeant entouré par des amours et ayant Vénus à ses côtés. XVIe siècle.

Haut. 0 m. 34. Larg. 0 m. 60.

123 — Les quatre Saisons représentées par des figures allégoriques debout, en bois sculpté, tenant chacune les attributs de la saison qu'elle représente. XVIIe siècle.

Haut. 0 m. 88.

124 — Quatre statuettes de femmes drapées en bois sculpté, provenant vraisemblablement d'un lit. XVIe siècle.

Haut. 0 m. 70.

125 — Groupe de deux figures en bois sculpté représentant la Visitation. XVIe siècle.

Haut. 0 m. 68.

126 — Petit groupe représentant la Vierge debout et couronnée, portant l'enfant Jésus. XVIe siècle.

Haut. 0 m. 44.

127 — Figure applique de sainte femme assise, rehaussée de peinture. XVIe siècle.

Haut. 0 m. 68.

128 — Statuette de guerrier debout en bois sculpté. XVIe siècle.

Haut. 0 m. 55.

129 — Deux petits bustes appliques en bois peint et doré, représentant des personnages grotesques. Travail espagnol du XVIe siècle.

Haut 0 m. 27.

130 — Bas-relief en bois peint représentant l'Adoration des Rois Mages. XVIe siècle.

Haut. 1 m. Larg. 0 m. 90.

131 — Bois. — Groupe de deux figures : Hercule et Antée.

132 — Bois. — Statuette de Neptune debout avec dauphin. XVIe siècle.

Haut. 0 m. 52.

133 — Bois de chêne. — Groupe applique représentant la Vierge à demi couchée, l'enfant Jésus et saint Jean. XVIe siècle.

Haut. 0 m. 28.

134 — Bois. — Deux figurines d'enfants nus provenant d'un fronton de meuble. Belle patine. XVIe siècle.

Long. 0 m. 12.

135 — Bois. — Montant de porte sculpté sur trois faces et décoré de figurines et de motifs d'architecture. XVIe siècle.

Haut. 2 m. 50.

SCULPTURES DIVERSES

136 — Pierre d'Istrie. — Quatre superbes pilastres sculptés en bas-relief et décorés de candélabres servant d'attaches à des rinceaux élégants et à des cornes d'abondance sur lesquels reposent ou sont appendus des oiseaux, des mascarons, des trophées d'armes et des animaux fantastiques. Beau travail italien du premier quart du XVIe siècle.

Haut. de chaque pilastre, 3 m. 40. Larg. 0 m. 44.

137 — Pierre grise. — Cheminée monumentale à frise décorée de deux figures de génies ailés soutenant une couronne dans laquelle se trouve un singe, et de deux médaillons bustes de profil. Les montants sont décorés de candélabres en bas-relief et les consoles sont ornées chacune d'une figure de génie ailé en haut relief.

Cette cheminée est accompagnée d'un parement intérieur en briques à bustes et ornements en relief.

Travail florentin. XVIe siècle.

Haut. 2 m. Larg. 1 m. 80.

138 — Marbre blanc. — Médaillon ovale sculpté en bas-relief et représentant la tête laurée de Louis XV de profil à droite. Travail du temps.

Haut. o m. 54. Larg. o m. 41.

139 — Marbre blanc. — Trois frises du XVIe siècle sculptées en bas-relief et décorées de rinceaux, de cariatides, etc.

Haut. o m. 24. Long. totale 3 m. 85.

140 — Marbre blanc. — Deux grands vases, forme Médicis, offrant au pourtour des figures de style antique sculptées en bas-relief. XVIIIe siècle.

Haut. o m. 95.

141 — Pierre blanche. — Belle cheminée à frise décorée de dragons se terminant en rinceaux et offrant à son centre une couronne qui renferme un lion ailé.

Les consoles sont supportées par des balustres engagés décorés de cannelures en spirale, de feuilles et de festons de feuillage. Chacune d'elles porte les initiales A. B. D. Italie. XVIe siècle.

Haut. 1 m. 70. Larg. 1 m. 98.

142 — Pierre noire de Florence. — Frise sculptée en bas-relief et décorée de deux génies ailés soutenant

une couronne qui renferme un lion héraldique rampant.

Haut. o m. 35. Larg. 2 m. 85.

143 — Granit oriental noir et blanc. — Petit fût de colonne avec embase en marbre blanc et plinthe en marbre bleu turquin.

Haut. totale o m. 93.

144 — Pierre. — Buste de Charles-Quint, grandeur plus que nature. Tète laurée et armure rehaussée de dorure. Travail du temps.

Haut. o m. 85.

145 — Marbre blanc. — Tête supposée de saint Louis, grandeur plus que nature. Cette pièce a été évidée et transformée en mortier. XIVe siècle.

Haut. o m. 22.

146 — Terre cuite. — Quatre jolis bustes de femmes, grandeur forte nature, représentant les Saisons. Époque Louis XVI.

Haut. o m. 72.

147 — Marbre tendre. — Masque de sainte femme appliqué sur une console en marbre rouge des Pyrénées.

Haut. o m. 25.

148 — Marbre rouge antique. — Médaillon rond offrant en bas-relief un buste de femme de profil à gauche. XVIIe siècle.

Diam o m. 30.

149 — Marbre blanc. — La Vierge debout et drapée, portant l'enfant Jésus de son bras droit. XVIIe siècle.

Haut. o m. 49.

150 — Terre cuite. — Buste de vieillard, grandeur nature. XVIIIe siècle.

Haut. o m. 47.

151 — Marbre blanc. — Groupe de trois dauphins provenant d'une fontaine.

Haut. om. 55.

152 — Marbre blanc. — Buste de nègre, grandeur nature, sur pied carré en marbre de rapport. XVIIe siècle.

Haut. o m. 85.

153 — Terre cuite. — Deux figurines d'hommes debout dans l'attitude de porter, et disposées pour décorer les angles d'un monument. Maquettes attribuées à Michel-Ange.

Haut. o m. 30.

154 — Pierre. — La Vierge debout, vêtue de long, tenant de ses deux bras l'enfant Jésus couché. XVIe siècle. Sur piédestal en bois sculpté.

Haut. du groupe 1 m. 15; du socle 1 m. 05.

155 — Granit vert des Vosges. — Deux grands vases disposés pour la monture.

Haut. 0 m. 95.

156 — Marbre blanc. — Buste de femme portant le costume des femmes de qualité du XVIIe siècle.

Haut. 0 m. 42.

157 — Pierre. — Petit buste lauré d'un personnage portant le costume romain et supposé être le duc de la Trémoille. XVIe siècle.

Haut. 0 m. 36.

158 — Marbre blanc. — Deux bas-reliefs ovales, bustes d'empereurs romains, avec cadres en bois noir.

Haut. sans cadre 0 m. 30.

159 — Albâtre oriental. — Grande coupe ronde sur piédouche à anses, double serpent pris dans la masse.

Haut. 0 m. 38. Larg. 0 m. 90.

160 — Terre cuite. — Buste de la grande Catherine, grandeur petite nature, attribué à Falconet.

Haut. o m. 79.

161 — Marbre blanc. — Haut-relief représentant la Vierge assise, l'enfant Jésus et le petit saint Jean. XVIIe siècle.

Haut. o m. 20. Larg. o m. 13.

162 — Stuc rehaussé de couleur et de dorure. — La Vierge vue à mi-corps, tenant l'enfant Jésus assis sur son genou gauche. Le bas-relief est placé dans un cadre décoré d'ornements. Italie. XVIe siècle.

Haut. o m. 69. Larg. o m. 52.

163 — Pierre peinte. — Groupe. La Vierge assise tient son divin Fils debout près d'elle. XVe siècle.

Haut. o m. 43. Larg. o m. 33

164 — Pierre. — Figure d'ange agenouillé provenant d'un groupe qui représentait l'Annonciation. XVIe siècle.

Haut. o m. 89.

165 — Ivoire. — Très grande figure représentant l'Ange exterminateur debout sur un groupe de chérubins. Cette pièce est rehaussée de peinture et de dorure. Travail espagnol du XVIIe siècle.

Haut. 1 m. 04.

166 — Carton peint et doré. — Bas-relief représentant la mort de la Vierge. Dans un cadre en bois noir décoré d'arabesques dorées. XVIe siècle.

Haut. 0 m. 85. Larg. 0 m. 72.

167 — Terre cuite. — Petit buste de femme attribué au chevalier Bernin.

Haut. 0 m. 25.

168 — Pierre. — Statue de saint personnage debout. XVIe siècle.

Haut. 1 m. 25.

169 — Pierre. — Statue de sainte Barbe. XVIe siècle.

Haut. 1 m. 25.

170 — Pierre. — Statue de personnage debout, portant l'armure et ayant un lion à ses pieds. XVIe siècle.

Haut. 1 m.

171 — Marbre blanc. — Bas-relief. Buste de femme de profil à gauche, couronnée de lauriers.

Haut 0 m. 40. Larg. 0 m. 25.

BOIS DORÉ

172 — Petit tabernacle fermant à deux portes, en bois sculpté et doré, offrant des coupes de fruits à l'extérieur et décoré de figures peintes à l'intérieur. Travail espagnol du XVIe siècle.

Haut. o m. 37. Larg. o m. 33.

173 — Deux gaines à jour avec façade en bois sculpté et doré à ornements et mascarons. XVIIe siècle.

Haut. 1 m. 15.

174 — Quatre colonnettes à chapiteaux corinthiens en bois sculpté et doré, avec bandeau inférieur décoré de figures et de rinceaux. XVIe siècle.

Haut. o m. 58.

175 — Deux consoles en bois sculpté et doré du temps de la Régence, avec pieds entourés de serpents.

Larg. o m. 90.

176 — Console Louis XV en bois sculpté et doré, avec dessus de marbre brèche violette.

Larg. 1 m. 05.

177 — Trépied formant torchère, en bois sculpté peint en blanc et rehaussé de dorure. Époque Louis XVI.

Haut. 1 m. 20.

BRONZES ET CUIVRE

178 — Deux jolis chenets en bronze, formés chacun d'une cariatide se terminant en gaine et reposant sur un épattement orné. XVIe siècle.

Haut. 0 m. 63.

179 — Pied d'ostensoir en cuivre doré avec nœud décoré d'ornements gothiques. XVIe siècle.

Haut. 0 m. 25.

180 — Figure du Temps en bronze, dans l'attitude de voler. XVIIe siècle. Sur socle en marbre.

Haut. du bronze 0 m. 48.

181 — Jolie paire de bras, du temps de Louis XVI, à trois branches porte-lumières en bronze ciselé et doré.

Haut. 0 m. 45.

182 — Deux très grandes torchères en cuivre battu, réhaussé de dorure, décorées d'ornements feuillagés. XVIIe siècle.

Haut. 1 m. 95.

183 — Flambeau Louis XIII, formé d'une figurine de femme debout, en cuivre jaune sur base ronde gravée.

Haut. o m. 31.

184 — Brasero en cuivre jaune, décoré de guirlandes de fruits et d'ornements en relief. Il repose sur trois pieds de lion et il est garni de deux anses. Daté de 1606.

Haut. o m. 17. Diam. o m. 31.

185 — Encensoir en cuivre jaune du xve siècle.

186 — Bouton de porte formé d'une tête de suivant de Bacchus, dont le buste est encadré d'ornements. Bronze italien du xvie siècle.

Haut. o m. 10.

187 — Deux cariatides d'anges ailés, se terminant en rinceaux découpés à jour en bronze ciselé et doré. xviie siècle.

Haut. o m. 15.

188 — Deux petites têtes d'enfants en bronze doré. xviie siècle.

Haut. o m. 10.

189 — Ostensoir Louis XIII en cuivre doré, le pied et le nœud sont ornés de têtes de chérubins.

Haut. o m. 30.

190 — Deux figurines de nymphes couchées en bronze disposées pour modèles. XVIIe siècle.

Haut. 0 m. 31. Long. 0 m. 17.

191 — Deux presse-papiers, formés chacun d'un lion couché sur plinthe en marbre noir.

Haut. 0 m. 12. Larg. 0 m. 25.

192 — Deux vases Louis XVI en porcelaine de Locré, émaillée gros bleu et garnis de montures à anses en bronze ciselé et doré au mat.

Haut. 0 m. 29.

193 — Cheval passant, sur socle triangulaire orné de cariatides aux angles et formant écritoire. Bronze italien du XVIe siècle.

Haut. 0 m. 23.

194 — Deux flambeaux italiens en bronze, sur base triangulaire ornée de mascarons et de figurines de satyres, et à tige feuillagée s'échappant d'un groupe de trois dragons ailés.

Haut. 0 m. 45.

195 — Deux garnitures de croisées de style Louis XVI en bronze ciselé et doré.

196 — Médaillon rond en bronze, représentant en bas relief une tête de femme casquée de profil à gauche.

Diam. 0 m. 28.

197 — Applique composée de rinceaux en bronze doré en partie. Travail italien du XVIIe siècle.

Long. 1 m. 70. Haut. 0 m. 55.

FAIENCES ET PORCELAINES

198 — Vase ovoïde à anses serpents en ancienne faïence d'Urbino, décoré de sujets tirés de l'histoire romaine.

Haut. 0 m. 53.

199 — Buste d'homme grandeur nature, portant la cuirasse en faïence blanche. École des Robbia. XVIe siècle.

Haut. 0 m. 65.

200 — Plaque rectangulaire, représentant un buste de femme peint en couleurs. Faïence italienne.

Haut. 0 m. 34. Larg. 0 m. 29.

201 — Plat rond en ancienne faïence hispano-moresque à côtes bleues en spirale au bord et décor à reflets métalliques.

Diam. 0 m. 40.

202 — Joli groupe en ancienne faïence de Bernard Palissy, modèle connu sous le nom de *l'Enfant aux chiens* et émaillé en couleurs.

Haut. 0 m. 27. Larg. 0 m. 27.

203 — Petit plat ovale de même faïence, composé de cinq cavités jaspées, séparées par des palmettes découpées à jour.

Long. o m. 27. Larg. o m. 21.

204 — Deux pieds de surtouts en ancienne porcelaine de Saxe à colonne reposant sur trois volutes, dragons et figurines.

Haut. o m. 37.

205 — Deux seaux en porcelaine tendre, décorés de jetées de fleurs polychromes.

Haut. o m. 19.

OBJETS VARIÉS

206 — Belle poire à poudre en fer repoussé et doré en partie, décorée sur une de ses faces d'un cartouche oblong renfermant un sujet militaire, composé de figures d'enfants et composé d'ornements, de rinceaux, d'une cariatide ailée et de deux figures de satyres.

La face postérieure ainsi que le fond portent un écusson armorié, rehaussé de couleurs et de dorures, et les deux côtés présentent des trophées d'armes ainsi que des vases et des coupes de fruits.

Long. o m. 30.

207 — Deux grands flambeaux en cristal de roche taillé, composés de pièces d'enfilage et reposant sur une base triangulaire en cuivre repoussé et doré avec pieds formés de boules unies. Chacun d'eux porte un écusson armorié exécuté en émaux de basse taille sur argent. XVIe siècle.

Haut. o m. 56.

208 — Joli vitrail du XIIIe siècle, représentant le Christ assis et couronné, entouré d'ornements se détachant en couleur sur fond bleu.

Haut. o m. 68, Larg. o m. 78.

209 — Curieux flambeau en argent doré composé d'un piédouche gravé, décoré de bustes de saints personnages et de têtes de chérubins, supportant un plateau servant de base à quatre colonnettes torses entre lesquelles le porte-lumière est placé. Au dessus, galerie d'ornements découpés à jour. XVIe siècle.

Haut. o m. 30.

210 — Coffret en ambre jaune et rouge, décoré de bas-reliefs. XVIIe siècle.

Haut. o m. 11. Larg. o m. 17.

211 — Petite boîte oblongue à couvercle bombé, ouvrant à coulisses, en bois sculpté, portant en relief

l'initiale H de Heuri II et les croissants de Diane de Poitiers.

Long. o m. 13.

212 — Coffret oblong en émail de Venise à fond bleu et blanc, à décor d'or.

Haut. o m. 10. Larg. o m. 23.

213 — In-folio contenant diverses batailles du roi Louis XIV, gravées par Bonnart d'après Van der Meulen. Reliure en maroquin rouge doré au fer et portant les armes de France.

214 — La Sainte Bible. Imprimé de la fin du xve siècle avec planches sur bois. (Incomplet.)

215 — Curieuse gravure rehaussée : Un concert sous la Restauration.

216 — Cadre vénitien du xve siècle en cuivre doré, entouré d'ornements émaillés, rehaussé de bossettes en corail.

Haut. o m. 40. Larg. o m. 30.

217 — Petit cadre vénitien plaqué d'ivoire, décoré d'ornements en couleurs et or de style oriental, et enrichi de médaillons peints.

Haut. o m. 25. Larg. o m. 20.

218 — Deux chenets gothiques en fer forgé, à base en ogive. xve siècle.

Haut. o m. 80.

219 — Coffret oblong à couvercle bombé, en ancienne marqueterie vénitienne, ivoire, bois et étain, dite *certosine*.

Haut. o m. 31. Larg. o m. 51.

220 — Recueil d'estampes représentant des sujets mythologiques et autres, avec reliure en veau doré au fer. xviie siècle.

221 — Heures de la Vierge. In-8 imprimé sur vélin en 1490 pour *Simon Lesire, libraire demeurant à Paris, à la rue Neuve-Nostre-Dame, à l'ymage Sainct Jehan levangeliste.* Reliure incomplète. Exemplaire rogné, avec grand nombre de planches.

222 — In-4 imprimé *à Paris pour Jaques Keruer aux deux Cochetz. Rue Saint Jaques. M.D.X.L.V.I. Discours du songe de Poliphile, etc.*, avec planche sur bois, dessinée par Jean Cousin. (Une feuille refaite à la main.)

TAPISSERIES

223 — Grand canapé du XVIe siècle, couvert en velours grenat et garni de deux belles tapisseries au point, représentant des personnages de la cour de Henri II dans un parc. Ils sont vêtus de très riches costumes de l'époque.

Larg. 1 m. 88.

224 — Dix morceaux de tapisserie au point du temps de Henri II, rehaussés d'argent et représentant des sujets mythologiques et allégoriques variés, encadrés d'ornements. Ces morceaux peuvent être employés pour couvrir des sièges.

225 — Tapisserie d'Arras, du temps de Charles VI, représentant Charles VI et Isabeau de Bavière en visite chez le duc de Bourgogne, et une scène de vendange.

Haut. 3 m. 35. Larg. 5 m. 20.

226 — Cinq morceaux de tapisserie au point, décorés de colonnes torses autour desquelles s'enroulent des festons de fleurs polychromes, le tout sur fond jaune d'or.

Long. totale 5 m. 60.

227 — Très jolie tapisserie du XVIe siècle, représentant diverses scènes de vendange ; au premier plan, personnages de qualité en riches costumes du temps. Bordure composée de rinceaux et d'ornements. Tissu très fin.

Haut. 2 m. 43. Larg. 3 m. 50.

228 — Belle tapisserie des Gobelins en deux parties représentant des figures mythologiques, dans un paysage animé par des oiseaux. Riche bordure composée de génies ailés, de trophées d'armes, de rinceaux, d'animaux et de fleurs, dans le goût de Bérain et portant dans des médaillons ronds les armes de la ville de Rome. Le côté gauche de la bordure manque.

Haut. 3 m. 15. Long. 3 m. 60.

ÉTOFFES

229 — Deux lambrequins en velours ponceau, décorés d'applications d'ornements brodés en fin. XVIIe siècle.

Long. 2 m. 17.

230 — Panneau de velours ponceau uni ancien.

Long. 2 m. 50. Larg. 2 m. 40.

231 — Garniture de coffret en tapisserie au point et décoré de figures et de paysages avec animaux. Époque Louis XIII.

232 — Trois écussons armoriés, brodés en soie de couleur et or; l'un d'eux porte la date de 1669.

233 — Deux pentes brodées au point de Hongrie à ornements.

Long. 2 m.

TABLEAUX

BOUCHER (F.)

234 — *Trois dessus de porte, représentant des jeux d'amours.*

Dans des cadres du temps, en bois sculpté et peint en blanc.

Haut. totale 0 m. 88 et 0 m. 74. Larg. 1 m. 60 et 1 m. 57.

BREUGHEL
et
VAN KESSEL

235 — *Intérieur rustique, contenant quantité d'armes de la Renaissance.*

L'artiste a représenté au premier plan Vulcain, Vénus et l'Amour.

Haut. 0 m. 72. Larg. 1 m. 25.

BREUGHEL

236 — *Coupe d'orfèvrerie contenant des fleurs.*

Bois.

Haut. o m. 45. Larg. o m. 35.

CALLOT (d'après)

237 — *Quatre scènes de bohémiens en marche.*

Haut. o m. 57. Larg. o m. 94.

CORRÈGE (École du)

238 — *Le Christ au mont des Oliviers.*

Bois. Cadre en bois doré.

Haut. o m. 38. Larg. o m. 46.

ÉCOLE FRANÇAISE DU XVIe SIÈCLE

239 — *Portraits de trois jeunes femmes vues à mi-corps et vêtues de riches costumes du temps.*

Haut. o m. 60. Larg. o m. 73.

DELACROIX (E.)

240 — *Mater dolorosa.*

Ebauche. Toile.

Haut. 0 m. 69. Larg. 0 m. 52.

ÉCOLE ALLEMANDE

241 — *Repas champêtre.*

Les personnages sont vêtus de très riches costumes Renaissance.

Haut. 1 m. 33. Larg. 1 m. 87.

ÉCOLE FLAMANDE DU XVIe SIÈCLE

242 — *Scènes de repas et de concert dans un parc.*

Bois.

Haut. 0 m. 53. Larg. 0 m. 88.

ÉCOLE FRANÇAISE DU XVIe SIÈCLE

243 — *Portrait de femme, vêtue de noir et d'une collerette plissée.*

Il porte la date de 1574.

Haut. 0 m. 34. Larg. 0 m. 26.

ÉCOLE FRANÇAISE DU XVIIIe SIÈCLE

244 — *Quatre panneaux décoratifs.*

Paysages avec figures et animaux.

Haut. 1 m. 60. Larg. 1 m. 06.
Haut. 1 m. 49. Larg. 1 m. 08.
Haut. 1 m. 55. Larg. 1 m. 10.
Haut. 1 m. 20. Larg. 1 m. 80.

ÉCOLE FRANÇAISE

245 — *Trois dessus de porte, dont deux représentent des sujets champêtres dans le goût de Gillot, et le troisième une scène de mascarade d'enfants d'après Coypel.*

Encadrements en bois sculpté et doré.

Haut. 1 m. 53 et 1 m. 40. Larg. 1 m. 48 et 1 m. 32.

ÉCOLE HOLLANDAISE

246 — *Marché au poisson au bord d'une plage.*

Haut. 0 m. 41. Larg. 0 m. 70.

ÉCOLE ITALIENNE DU XIVe SIÈCLE

247 — *Dix panneaux, représentant chacun un saint personnage debout, se détachant sur un fond d'or gravé.*

Haut. 1 m. 75. Larg. 0 m. 58.

ÉCOLE ITALIENNE DU XVe SIÈCLE

248 — *Panneau provenant d'un coffre de mariage, et représentant plusieurs scènes de combat.*

Composition d'un grand nombre de figures et rehauts de dorure.

Haut. 0 m. 42. Larg. 1 m. 55.

ÉCOLE ITALIENNE DU XVIe SIÈCLE

249 — *Deux panneaux peints en camaïeu d'or, et représentant, l'un la mort de Goliath, et l'autre une mêlée de guerriers combattant.*

Haut. 0 m. 26. Larg. 0 m. 37 et 0 m. 39.

ÉCOLE ITALIENNE DU XVIIe SIÈCLE

250 — *Plafond représentant une divinité ailée, avec amours et fleurs.*

Long. 2 m. 60. Larg. 1 m. 85.

GILLOT (d'après)

251 — *Panneau décoratif, personnages, animaux et arabesques, rehaussé de dorure.*

Haut. 1 m. 45. Larg. 1 m. 79.

GOLTZIUS (attribué à)

252 — *Les Cinq sens.*

Cinq petits tableaux sur cuivre, composés chacun de deux figures vues à mi-corps.

Haut. 0 m. 16. Larg. 0 m. 12.

GREUZE (École de)

253 — *Portrait d'homme, portant un habit brun.*

Ovale.

Haut. 0 m. 70.

INCONNU

254 — *Deux peintures décoratives, représentant deux scènes religieuses, encadrées de rinceaux et de fleurs se détachant en couleurs sur fond d'or.*

Toile.

Haut. o m. 70. Larg. 1 m. 10.

JEAURAT

255 — *Vénus et l'Amour.*

Haut. o m. 62. Larg. o m. 79.

LAGRENÉE (attribué à)

256 — *Vénus endormie, surprise par l'Amour qui lui décoche une flèche.*

Haut. o m. 95. Larg. 1 m. 27.

LANCRET (d'après)

257 — *Réunion joyeuse dans un parc.*

Cadre en bois sculpté et doré.

Haut. o m. 85. Larg. o m. 68

LARGILLIÈRE

258 — *Deux portraits dans un même cadre.*

Les princesses de Vaudemont.

Haut. o m. 95. Larg. 1 m. 26.

LEMOINE

259 — *Le Jugement de Pâris.*

Haut. o m. 92. Larg. o m. 68.

REMBRANDT (École de)

260 — *Portrait de femme en riche costume du* XVIIe *siècle.*

Haut. 1 m. 05. Larg. o m. 80.

SAUVAGE (attribué à)

261 — *Trois dessus de portes peints en grisaille, dont l'un représente un vase et des instruments de musique, et les deux autres des jeux d'amours.*

Haut. 0 m. 45. Larg. 0 m. 89.

LE TITIEN (attribué à)

262 — *Philippe II d'Espagne, vu à mi-jambes, en costume de cour, tête nue.*

Haut. 1 m. 14. Larg. 0 m. 92.

www.ingramcontent.com/pod-product-compliance
Ingram Content Group UK Ltd.
Pitfield, Milton Keynes, MK11 3LW, UK
UKHW020437180726
13839UKWH00004B/1540